MALLORCA

BILDER DES GLÜCKS

TEXT

CARME RIERA

FOTOREPORTAGE

CLIMENT PICORNELL

EDUARDO MIRALLES

JAUME PELLICER

DOLORS CABALLERO

PEP VICENS

MIGUEL MOREY

VICENÇ NEGRE

Edicions
de Turisme
Cultural.
Illes Balears

DIESES PROJEKT KONNTE REALISIERT WERDEN, DANK DER UNTERSTÜTZUNG VON:
CONSELL INSULAR D'EIVISSA I FORMENTERA, CONSELL INSULAR DE MENORCA,
"SA NOSTRA" CAIXA DE BALEARS, SCHÖRGHUBER UNTERNEHMENSGRUPPE

HERAUSGEBER: REY SOL S.A.
C/ 16 DE JULIOL, 75
POLÍGON SON CASTELLÓ
07009 PALMA DE MALLORCA (ILLES BALEARS)

EHRENPRÄSIDENT: SR. GABRIEL BARCELÓ
PRÄSIDENT: SR. ALFONSO DE SALAS
VERANTWORTLICHER HERAUSGEBER: PEDRO J. RAMÍREZ
DIREKTOR: LUIS F. FIDALGO
GESCHÄFTSFÜHRER: JOSEP MARIA BERTRAN I ANDRÉS

AUSGABE UND LAYOUT: BALTAR & ASSOCIATS
KOORDINATION: ROSA R. BELTRAN
DRUCK: ALPHA-3
FOTOSATZ: OMNI S.L.

ISBN: 84-95473-01-1
D.L.: PM-659-2000
GEDRUCKT IM APRIL 2000

Edicions de Turisme Cultural. Illes Balears

TITELSEITE
FOTOGRAPHIE VON
CLIMENT PICORNELL

RÜCKSEITE
FOTOGRAPHIE VON
CLIMENT PICORNELL

INHALTSVERZEICHNIS

PRÄSENTATION

Wasserzunge

(Foto:
Dolors Caballero)

Die gesamte Schönheit und den Zauber der Dörfer, der Felsküsten, der Buchten und Strände, der Felder, der historischen Denkmäler und der respektvollen, liebenswerten und gastfreundlichen Menschen der Inseln einzufangen, ist eine Herausforderung, der wir uns mit diesem Projekt unseres Verlags gerne stellen.

Mallorca, Bilder des Glücks ist Teil einer aus drei Bänden bestehenden Buchserie (Mallorca, Menorca und die Pytiusen), die unter dem gemeinsamen Titel *Les Illes de la Imaginació* (*Die Inseln der Fantasie*) die authentischsten Aspekte des Lebens und der Landschaften der Balearen —ihrer Identität— zusammenfassen. Basis des Projektes ist eine Auswahl von Bildern, unterstützt durch die Texte einiger unserer bekanntesten Autoren. Eine Summe von Eindrücken, die sich einer filmischen Erzählung gleich der Realität und der Essenz einer jeden Insel annähert.

Carme Riera, die Autorin dieses Buchs über Mallorca, vermittelt uns ihre Liebe zur Insel mit phantasiebeflügelnden Wortspielen. Die Bilder von Climent Picornell, Eduardo Miralles, Jaume Pellicer, Dolors Caballero, Pep Vicens, Miguel Morey und Vicenç Negre —präzise und sensible Künstler, die mit einem außergewöhnlichen Gefühl für Licht und Raum begabt sind— konzentrieren sich auf ein ideales Szenario für das Glück und klammern bewußt die weniger freundlichen Seiten der Inseln aus.

MALLORCA
BILDER DES GLÜCKS
Carme Riera

Jorge Luis Borges nannte Mallorca "ein dem Glück naher Ort, geeignet in ihm glücklich zu sein, geeignet als Schauplatz des Glücks", aber direkt nach diesem kaum zu überbietenden Kompliment fuhr er fort, daß er "wie so viele Bewohner der Inseln und Fremde nur ganz selten dieses intensive Glück in seinem Inneren verspürt habe, das nötig sei, um sich angesichts solch reiner Schönheit als würdiger Betrachter und ohne Scham zu fühlen". Diese Lobpreisung sandte Borges im Jahre 1926 an seinen Freund Jacobo Sureda —mit dem er das *Manifest des Ultra* unterzeichnet hatte— der damals, an Tuberkulose erkrankt, im Schwarzwald lebte, damit er diese Zeilen an Miguel Angel Colomar weiterleite, der für den Literaturteil der Tageszeitung *El Día* verantwortlich war, in dem sie im November dieses Jahres dann auch erschienen.

Betrachtet man die Fotografien von Climent Picornell, Pep Vicens, Eduardo Miralles, Dolors Caballero, Jaume Pellicer, Miguel Morey und Vicenç Negre, fällt es leicht Borges zuzustimmen. Mallorca könnte uns, dank des in die Insel verliebten Auges das durch den Sucher blickt, immer noch als ein idealer Schauplatz für das Glück erscheinen, ein Ort den man nur im Zustand des Glücks aufsuchen sollte, in Harmonie mit der Umgebung, auf der Höhe seiner paradiesischen Qualitäten. Im Gegenfall würde uns das Schauspiel der Schönheit wenn nicht ungücklich, so doch fehl am Platz fühlen lassen, wie Eindringlinge in ein fremdes Glück.

Große Teile des mallorquinischen Territoriums jedoch, die hier vorsätzlich ausgespart wurden, sind durch die Welle des Massentourismus, der uns in Kosmopoliten verwandelt hat, einer vorher nicht bekannten Zerstörung anheim gefallen. Die wilden Lilien, die einst an verschiedenen Stränden wie El Arenal, Can Picafort oder Magalluf in nächster Nähe des Wassers wuchsen, mußten dem Stahlbeton der Gebäude weichen, deren extreme Häßlichkeit diese Bilder nicht haben wiederspiegeln wollen. Das Mallorca, das sie uns zeigen, ist ganz im Gegenteil eine Insel auf der Männer und Frauen noch mit der Natur im Einklang zu leben scheinen, den traditionellen Tätigkeiten der Landwirtschaft und des Kunsthandwerks nachgehend, unberührt von der unbändigen Spekulation, die einen großen Teil unserer Küsten ruiniert hat und des Zaubers bewußt den die Landschaften der Inseln ausstrahlen, wenn wir in der Lage sind uns auf ihren Reiz einzulassen, welcher in den Stunden der Dämmerung am stärksten ist. Vielleicht erklärt dies die Vielzahl der Aufnahmen in denen unsere Fotografen —mit einer Sensibilität, die Jahrhunderte gebraucht hat, um sich zu entfalten— den Himmel und das Meer der Morgen —und Abendstimmungen festgehalten haben, die auch die vielen auf Mallorca verweilenden Künstler bewegten.

Es wird zum Beispiel erzählt, das Santiago Rusinol und Joaquim Mir, während ihres Aufenthalts auf der Insel, der Direktor des Gran Hotels (heute Sitz der Stiftung der "Caixa") hatte sie unter Vertrag genommen, um das Hotel mit Wandbildern auszustatten, jeden Abend den Sonnenuntergang betrachten, immer in Erwartung, wenn auch nur für einen Augenblick, über einem Horizont wechselnden Meeresblaus einen grünen Strahl zu erblicken. Gefiel ihnen das Schauspiel, so applaudierten sie wild und begleitet von enthusiastischen Hoch-Rufen. War es jedoch mittelmäßig, pfiffen und trampelten sie und beschimpften den Autor-Darsteller-Regiseur.

Rusinol nutzte einen seiner vielen Aufenthalte auf Mallorca, um die Mallorquiner in seinem Buch *L'illa de la Calma* (Die Insel der

Pflanzlicher Bernstein

*(Foto:
Dolors Caballero)*

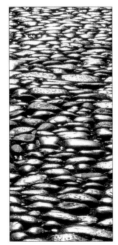

"Like a rolling stone"

*(Foto:
Eduardo Miralles)*

*Die Opfergabe
der Wellen*

*(Foto:
Climent Picornell)*

Ein Traum vom Meer

*(Foto:
Climent Picornell)*

Ruhe, 1924) zu beschreiben, eine Beschreibung, die nicht übermäßig gefiel. Er malte die Landschaften der Tramuntana-Küste und übertrug auf seine ganz eigenen warmen, violetten, blauen und ockernen Farbtöne den einzigartigen Augenblick, den das Licht Mallorcas, ungleich jedes anderen Ortes möglich macht und der so viele Künstler angezogen hat: Anglada Camarasa, Tito Cittadini, Benguerelli, um nur ein paar der Fremden zu nennen und Ribas, O'Neill oder Gelabert aus der Gruppe der Mallorquiner. Vielleicht ist es das unvergleichliche Licht der Insel, auf das sich Borges bezog, welches ihrem Reiz die unverwechselbare Note verleiht. Ein Licht, das Borges als noch junger Schriftsteller in sich sammelt, um mit ihm die Altersmüdigkeit seiner Augen auszugleichen. Bereits blind, erlebt er an eigenem Leib die Bedeutung zweier seiner Verse, die er schrieb kurz nachdem er Mallorca verlassen hatte: "Die Dunkelheit ist das Blut / der verletzten Dinge", bei seiner Rückkehr nach Buenos Aires im Juni 1921 richtet er den Blick nach innen und betrachtet einen Ort der dem Glück nahe ist.

Die in diesem Buch zusammengefassten Bilder Mallorcas sind nach meinem Urteil ein Symbol des Widerstands gegen die urbanistische Erniedrigung und zugleich eine Mahnung: wenn wir nicht für die Bewahrung der uns noch verbliebenen Schönheit eintreten, wenn wir in unserer Überzeugung schwanken, werden wir alles verlieren. Der Sektor, der vom Tourismus lebt, weil er die Gans geschlachtet hat, die ihm die goldenen Eier legt und die das Pro-Kopf-Einkommen der Mallorquiner auf einem der ersten Plätze in der Liste der EG-Bewohner plaziert hat und wir übrigen, die wir die Unannehmlichkeiten der Invasion durch die Fremden zu erleiden haben, Priviligierte, die wir uns den Luxus leisten können, nicht vom Tourismus abhängig zu sein, alle würden wir aus einem Paradies vertrieben werden, das nicht zurückzuholen ist, für immer enteignet und verwaist. Die einen wie die anderen werden wir, ob aus Habsucht, Passivität oder Ignoranz im nachhinein zur Zerstörung einer der landschaftlich schönsten Regionen des Mittelmeers beigetragen haben, für die wir als Treuhänder verantwortlich zeichnen.

▲

Am rechten Ort

(Foto:
Climent Picornell)

◄

Das vorzügliche Gähnen
der Erde

(Foto: Pep Vicens)

Es ist zur Genüge bekannt: als die ersten Dampfmaschinen ihren schweren Atem auszustoßen beginnen, fühlen die Söhne und Töchter des zivilisierten Nordens Europas das Bedürfnis in den Süden zu entfliehen, an Orte die man als exotisch ansieht. Die bevorzugten Ziele sind Italien, mit seinen Kunstschätzen und das immer etwas abseits liegende Spanien. Die Inseln ziehen sogar noch stärker diese an, die in eine fremde Atmosphäre eintauchen möchten. Manch einer hinterläßt sogar ein Zeugnis seiner Faszination, ob in Textform, als Gemälde, Stich oder noch subtiler in der Partitur, die er an einem regnerischen Nachmittag auf einem Notenblatt festhält. Unter all diesen Reisenden befindet sich der Habsburger Erzherzherzog Ludwig Salvator, der sich als einer ihrer wirksamsten Propagandisten herausstellen soll und einen Großteil seines Vermögens darauf verwendet, verschiedene ländliche Güter zwischen Valldemossa und Deià zu erwerben, meiner Meinung nach der schönste und auch heute noch weitgehendst unberührte Teil der Insel. Der Erzherzog, ein Umweltschützer noch bevor dieser Begriff überhaupt geprägt wurde, machte sich die Bewahrung der Landschaft zur Aufgabe. Dieses Bemühen geht soweit, dass er verschiedentlich beim Anblick eines Bauern, der sich anschickt, einen Baum zu fällen, diesen zu fragen pflegt, was er dafür verlange, den Baum am Leben zu lassen und den genannten Preis auch gleich bezahlt. Dieses Interesse des Erzherzogs Ludwig für Mallorca und seine Einwohner sollte den reichen Ausländern, die bereits

25% der Inselfläche aufgekauft haben, als Beispiel dienen. Der Erzherzog trat mit Nachdruck für den Schutz der Landschaft ein und wurde, gemeinsam mit einer ihn umgebenden Gruppe von Wissenschaftlern und Literaten, zu einem Experten der Gebräuche und Traditionen der Mallorquiner, der Geografie, Fauna und Flora der Balearen, Kenntnisse, die er in seinem großen Hauptwerk *Die Balearen* dokumentierte, einer monumentalen Enzyklopädie des Archipels, die auch heute noch Gültigkeit besitzt.

Auch lädt der österreichische Prinz zum Besuch auf seine Landgüter von Schriftstellern wie Gaston Vuillier oder Monsignor Cinto Verdaguer bis zu seinen Verwandten an den europäischen Höfen ein. Seine Kusine, die österreichische Kaiserin, die unangepaßte Elisabeth, zögert lange bevor sie seine Einladung annimmt, "denn" so schreibt sie "wenn ich diese Reise unternehme, wird mir Korfu nicht mehr gefallen", wo sie sich, fasziniert vom Licht des Mittelmeers einen Palast, den Aquilellion, hatte bauen lassen. Die Häuser die der Erzherzog bewohnte, im besonderen das Gut Miramar, dass sich auch heute noch in den Händen seiner Erben befindet, waren bereits von Ramon Llull, dem bedeutendsten mallorquinischen Autor aller Zeiten und einer der Schlüsselfiguren der europäischen Kultur des 14. Jahrhunderts, ausgewählt worden, um hier die Schule für orientalische Sprachen einzurichten und die Werke *Llibre de L'Orde de cavalleria* und *Doctrina Pueril* zu schreiben beziehungsweise *Blanquerna* zu beginnen. Mit dieser Vorgeschichte ist es leicht erklärlich, dass die Schriftstellerin George Sand mit Bezug auf Mallorca äußerte es sei "der schönste Ort an dem sie je gewohnt hätte und einer der schönsten den sie je gesehen hätte." *Ein Winter auf Mallorca* , das Buch in dem die mallorquinische Gesellschaft nicht mit allzu freundlichen Worten behandelt wird, ist das Ergebnis ihres knapp zwei Monate dauernden Aufenthalts in Valldemossa, der Ort der heute als Ironie des Schicksals zum größten Teil von der Vermarktung dieses Aufenthalts der Schriftstellerin und ihres Gefährten, des Komponisten Frederic Chopin, lebt. Zum Gedächtnis Chopins findet jährlich eine Reihe von Klavierkonzerten im Kreuzgang der Kartäuserklosters statt, in dessen Zellen Sand und der schwindsüchtige Musiker zur Empörung des Ortes zusammenwohnten.

Aber nicht nur Aurora Dupin schwärmte von der Gegend um Valldemossa. Azorin ist ein weiterer Autor, der nach einem Besuch

Die Cossiers, die Wiederbelebung des ältesten Tanzes, der den Triumph des Guten über das Böse symbolisiert

(Foto: Vicenç Negre)

Sie bewahren sogar ihren Duft

(Foto: Vicenç Negre)

Am Anfang stand das Ritual

(Foto: Jaume Pellicer)

◀

*Don Quijote würde sich
hier zu Hause fühlen*

(Foto: Eduardo Miralles)

Mallorcas im Jahre 1906 schreibt die Landschaft seiner Sehnsucht sei "Miramar egal zu welcher Tageszeit" und es sei sein "Wunsch hier mit der stillen und blauen Unendlichkeit vor Augen zu sterben".

Die Liste der von der Nordküste verzauberten Persönlichkeiten könnte man endlos fortsetzen und sie beinhaltet Rubén Dario, der einer Einladung des Mäzens Juan Sureda Bimet folgte oder Robert Graves, der von 1930 bis zu seinem Tode im Jahre 1985 in Deià lebte und dessen Präsenz sich in einen Teil der Landschaft verwandelte oder auch Julio Cortázar, Norman Yanikur, Kevin Ayers oder Michael Douglas, dem heutigen Eigentümer von S'Estaca, eines weiteren Landgutes, das einst dem Erzherzog gehörte.

Die Wahl der Landschaft der Tramuntana, beherrscht vom magischen Berg Es Teix, möglicherweise Ursprung der hier herrschenden Energie und vom Küstenfelsen Na Foradada der, Poliphem gleich, ein einziges blauschimmerndes Auge besitzt, hängt jedoch nicht von den Menschen ab sondern vom Ort selbst. Es ist der Ort der die Wahl trifft und mit seinen unfehlbaren Reizen einige wenige Auserwählte in seinen Bann zieht.

Andere Reisende hingegen, wie Miguel de Unamuno, bevorzugen das Inselinnere, die ebenen Landschaften des Pla, die in diesen Fotos präsent sind, Hüter einer überlieferten und subtilen Ordnung, respektvoll im Umgang mit der Arbeit und den Tagen und würdig von Horaz und Virgil besungen zu werden. In diesen Landschaften sind die meisten der Rondaies mallorquines anzusiedeln, eine Sammlung volkstümlicher Geschichten, die in ihren folkloristischen Themen einen wahren Schatz lebendiger Sprachen bergen, ein urwüchsiges und deftiges Mallorquín, das leider ebenfalls durch die Nachlässigkeit der für die linguistische Identität Verantwortlichen in seiner Existenz bedroht ist.

Und noch andere wiederum wählen für sich die Region um Pollenca, wie Anglada Camarasa oder Agathie Christie. Oder Kap Formentor, Standort des Luxushotels gleichen Namens, das Charlie Chaplin oder auch Winston Churchill zu seinen Gästen zählen durfte und in dem Camilo José Cela, heute Nobelpreisträger, im Jahre 1959 die Poetischen Konversationen veranstaltete und Carlos Barral 1960 den Internationalen Literaturpreis Formentor organisierte, der bis zu seinem Verbot durch die Zensur des Franco-Regimes Verlegern aus aller Welt als Treffpunkt diente.

▲▲

*Der Zauber pflegt sich
blau zu kleiden*

(Foto:
Climent Picornell)

Mallorca ist eine Insel von solch großer landschaftlicher Diversität, dass sie mit ihren tausendundeinen Gesichtern wie ein kleiner Kontinent erscheint. Die fünf verschiedenen Regionen: Tramuntana, Es Raiguer, Es Pla, Migjorn und Llevant haben untereinander kaum etwas gemein. Betrachtet man den Gipfel des Puig Mayor, des höchsten Bergs der Insel (1445 Meter), beim Abstieg durch die Felsschluchten, die zum Torrent de Pareis führen und in denen man durchaus von wilden Ziegen überrascht werden kann, oder bei Wanderungen durch die Eichenwälder von Escorca oder Lluc, hat man den Eindruck sich in einem unwegsamen ja fast unerforschten Gebiert zu befinden. Das Tal von Sóller jedoch mit seinen Orangenhainen, das ebenfalls zur Tramuntana gehört, beschwört Vergleiche mit dem mythischen Garten der Hesperiden herauf und bietet uns das Bild einer zivilisierten Schönheit, vom Menschen gut organisiert, mit Terrassenanlagen die wie im Ort Banyalbufar, einem weiteren Naturwunder, bis zum Meer hinunterreichen, so wie es in Cala Tuent, der Nachbarbucht von Sa Calobra, die Olivenbäume tun. Aber es gibt noch mehr, viel mehr zu entdecken und gegenüberzustellen: das Sumpfgebiet der Albufera von Alcudia, im Nordosten, mit seiner ganz eigenen Flora und Fauna ist in keiner Hinsicht mit der Küste des Ponent (Westen) vergleichbar und am wenigsten mit Puerto Portals, ihrem internationalsten Hafen, in dem auf den Decks der Jachten aus aller Herren Ländern viel, mehr oder weniger prominentes, sonnengebräuntes Fleisch zu sehen ist, ein Paradies für die Papparazzi, deren Aufnahmen Sommer für Sommer in Illustrierten der halben Welt erscheinen. Auch ähnelt die Mündung des Sturzbachs von Cala Figuera im Llevant (Osten) in keinster Weise den Salinen von Ses Salines im Migjorn (Süden) mit dem blendenden Weiß ihres Salzes und diese wiederum unterscheiden sich grundlegend von den Stränden bei Es Trenc, auch im Süden gelegen, fast noch unberührt und mit einem sehr feinen Sand, der die zarten und unendlichen Berührungen des Meeres empfängt. Unendlich war auch die Zahl der Wassertropfen, die zur Bildung der Stalagmiten und Stalagtiten der Höhlen von Manacor, Artà oder Génova beitrugen, weitere, diesmal unter der Erde liegende, Naturwunder. Die Sandstrände und die teilweise unter Naturschutz stehenden Buchten wie Caló des Màrmols oder Cala Mondragó, bilden einen profunden Kontrast zu den Ortschaften des Inselinneren der Region des Raiguer, wie zum Beispiel das geschäftige Inca, das historische Alaró, geprägt durch seine Felsburg oder auch die Dörfer des tiefsten Mallorca wie Sineu, dessen königlicher Palast —der heute Teil eines Konvents ist— uns in die Zeit zurückführt, in der Mallorca von 1276 bis 1349 eine unabhängige Nation mit eigener Monarchie war. Seine mit Sandstein aus Santanyi erbauten Häuser erheben sich mit einer Würde, die nur der Lauf der Jahrhunderte zu verleihen in der Lage ist. Auch Manacor, die zweitgröße Stadt der Insel, besitzt Überreste eines königlichen Palasts, in diesem Fall der Sommerresidenz der mallorquinischen Könige.

Ein Beweis dafür, dass man es im Inselinneren besser verstanden hat, die traditionellen Bräuche zu bewahren, ist die Tatsache das nur in Algaida und Montuiri der Tanz der Cossiers überlebt hat. Es handelt sich hierbei um die älteste Manifestation der inseleigenen Folklore, getanzt wird sie jeden 25. Juli von acht Personen, die als Teufel, mittelalterliche Dame und Cossier verkleidet den Triumph des Guten über das Böse repräsentieren, erniedrigt doch die Dame am Ende die Teufel. Typisch für die direkt am gigantischen Flughafen, der jeden Sommer die Rekorde im Flug- und Passagieraufkommen bricht, liegenden Gegenden um Algaida, Montuiri oder dem Pla de Sant Jordi sind die im Jahre 1847 vom Holländer P. Bouvy eingeführten Windmühlen, derer man sich zur Trockenlegung und Wasserförderung aus tieferen Quellen bediente, weist doch die Insel kaum oberflächliche Wasserquellen auf. Diese Windmühlen lassen uns heute an andere Epochen denken, wie uns auch die auf der Insel vielzähligen Talayots in die entfernteste geschichtliche Vergangenheit der Paleolithischen Kultur entführen, von der uns verschiedenste Spuren erhalten geblieben sind und die es verdient hätten, eine größere Aufmerksamkeit durch die für den Erhalt unseres geschichtlichen Erbes Verantwortlichen zu erfahren.

Betrachtet man die sanften, bewaldeten Hügel des Inselinneren und die sich heute wieder ausdehnenden Getreide- und Weinanbaugebiete, könnte man fast glauben sich in Italien zu befinden. Die Farben der Toskana scheinen sich hier zu wiederholen, Ocker, Sienna, eine ganze Palette von Grüntönen —vom Silbergrün der Olivenbäume, dunkelgrün der Zypressen bis zum fast mineralisch aufblitzenden Grün

Willkommen zu Hause

(Foto: Climent Picornell)

Festung der Angst

*(Foto:
Climent Picornell)*

der Blätter des Johannisbrotbaums oder des Grüns fast lyrischer Versprechungen des Mandelbaums— auf Mallorca oftmals versteckt hinter den Mauern *(Marges)* der großen Landgüter, die mit der Eleganz ihrer barocken und von Gärten im Renaissance-Stil umgebenen Loggien überraschen. Innerhalb sich so sehr ähnlicher Rahmenbedingungen, erscheint es nicht ungewöhnlich eine Affinität der Sensibilitäten wie zwischen Lampedusa und Villalonga festzustellen, welche sowohl im *Gatopardo* als auch in *Bearn* das Ende eines Prinzengeschlechts beschreiben. Oder auch die subtile Beschreibung der Geschmäcker und Gerüche der Landschaft wie bei Pavese *(La luna y las fogatas)* und Llorenc Riber *(La minyonia d'un infant orat)* und die wohlgenutzten Einflüsse von Pascoli und Leopardi auf die Poeten der Mallorquinischen Schule. Aber noch weitere Elemente der Übereinstimmung mit Italien werden über den Geruchssinn vermittelt. Ein Morgenspaziergang durch die Altstadt Palmas oder durch einen Ort im Inselinneren genügt, um vom Geruch der frischgebackenen Teigböden angelockt werden *(coques de verdures* - mit Gemüse belegte Hefeböden), deren Aroma an die hausgemachte Pizza Italiens erinnert und die in ihrer großartigen Einfachheit einer ganzen Kultur zum Ruhme gereichen. Wenn man sich darüber hinaus vom Duft dazu verführen lässt, die köstlichen *Ensaimades* (in Schmalz gebackene Hefeschnecken) oder die auf der Zunge zergehenden *Quartos* (Eier-Biskuits) probiert, wird man nicht man nicht umhin kommen, sie als authentische *bocatto di cardinale* zu betrachten.

*Zur Zeit
der Mauren*

(Foto: Dolors Caballero)

Könnte man die über die Bucht von Palma verstreuten Neubau-
gebiete aus dem Panorama der Stadt streichen, so bliebe uns vom Meer
aus gesehen eine Silhouette von gotischem Zuschnitt: die Kathedrale,
der Königspalast der Almudaina, die Börse und der Hügel von Bellver
entstanden zu einer Zeit, als Palma Haupstadt eines wohlhabenden und
unabhängigen Königreichs war. Es war zu dieser Zeit, als seine Händler
ihre Geldbörsen mit Gold füllten und große Steinhäuser mit weiten Ein-
gangshallen voller schöner Säulen und monumentaler Treppen bauen
ließen, Häuser die zusammen eine der schönsten Altstädte des europäischen Mittelmeers darstellen. Geht man durch ihre stillen Gassen, im
Schatten der gotischen und barocken Kirchen, der Klöster, der Herrenhäuser, an den Umfassungsmauern vorbei, die immer noch heimli-
che Gärten verbergen aus denen Palmen und Bouganvilleas hervor-
ragen, so kann man den Eindruck gewinnen sich in den engen Sträß-
chen von Siene oder San Giminiano zu befinden. Ein Eindruck, der sich
noch verstärkt wenn man in eines der zum Teil noch wunderbar er-
haltenen Herrenhäuser eintritt. Auf der Insel nach der Technik der Gla-
ser aus Murano hergestellte Kristalllüster hängen von den hohen De-
cken, an den Wänden befinden sich möglicherweise prächtige Behän-
ge oder Fresken des Malers Mesquida —eines der gefragtesten Künstler der großen europäischen Höfe des 18. Jahrhunderts. Die mit der
Roba de llengos bezogenen Sitzmöbel —ein Stoff der in den lokalen
Webereien hergestellt wurde— und die aus Italien importierten Tru-
hen und Tische wie auch die blauweiße Keramik, typisch für Neapel, Ge-
nova oder Savona verstärken nur noch den Geschmack dieses italia-

nisierten Konzerts, das auch noch an den Rändern der Altstadt, in den Vierteln voller Markisen und Katzen nachklingt. Das Viertel von la Portella, vielleicht das charakteristischste, bestimmt von der Kathedrale, überlebt ehrenhaft in seinem typischen Schatten, voller halb angelehnter Eingangstüren und verschlossener Fensterläden wie auch in vielen anderen Vierteln der Altstadt. Die wahrhaftigen Mallorquiner haben eine Vorliebe für den Schatten, ihre Lichtscheue scheint geradezu proportional zum Alter ihres Namens (ihrer Abstammung) zu sein, als empfänden sie eine vampirische Panik vor dem Sonnenlicht, wenn auch nicht die Angst sich zu verflüchtigen so doch zumindest die Furcht sich aufzulösen, wie die Stoffe der Vorhänge und Wandbehänge, denen selbstverständlich die Patina eines diskreten Gebrauchs wesentlich besser zu Gesicht steht als die makellose Klammheit des ersten Tages. Die Zeit adelt Antiquitäten und Geschlechter, zerstört jedoch das wertlose Gerümpel. Mit den mallorquinischen Herrenhäusern geschieht etwas ähnliches, die Zeit ist für sie nicht vergangen sondern zwischen ihren Mauern stehengeblieben. Auf Mallorca machte jahrhundertelang das Haus den Herren, war doch der Besitz eines eigenen und wohlausgestatteten Hauses eine unerläßliche Bedingung für den sozialen Aufstieg und das Haus stand für Familie, Ehre, Wohlstand und Macht. Nicht-Mallorquiner pflegen sie als Paläste zu bezeichnen —und obwohl sie es tatsächlich sind— würden wir Mallorquiner sie niemals so nennen. Palast ist eine zu prätenziöse Bezeichnung, die nur schwer mit der schlichten Schönheit dieser Bauwerke, die den sizilianischen gleicher Art stark ähneln, in Einklang zu bringen wäre. In Sizilien, der Heimat Lampedusas, die soviele Parallelen zum Mallorca des Herrn von *Bearn* aufweist, pflegt man sie ebensowenig *Palazzo* zu nennen, sondern einfach Haus. Es fällt schwer, sich nicht die großartige Filmbearbeitung des *Gatopardo* durch Visconti ins Gedächtnis zu rufen, in deren Bildern wir die Stille von zerknitterter Seide und mottenzerfressenem Samt betrachten konnten, wenn man aus der Ferne, wie ich es in diesem Moment tue, das Bild der Häuser Mallorcas heraufbeschwört, in denen die Zeit weiterhin ihren nutzlosen Walzer der Niederlage tanzt. Gewöhnt an das ständige Weiterschreiten vergisst sie, dass nur die Vergangenheit die unvergänglichen Stoffe birgt, aus denen die Träume gemacht werden.

MALLORCA

IMATGES PER A LA FELICITAT

IMÁGENES PARA LA FELICIDAD

PICTURES OF HAPPINESS

BILDER DES GLÜCKS

▶
- *També l'arena ment ones*
- *También la arena miente olas*
- *Even the sand simulates the waves*
- *Auch der Sand lügt Wellen*

(Foto/photo: Climent Picornell)

▼
- *Simetries*
- *Simetrías*
- *Symmetry*
- *Symmetrien*

(Foto/photo: Climent Picornell)

▼
- *La besada*
- *El beso*
- *The kiss*
- *Der Kuß*

(Foto/photo: Dolors Caballero)

▲▲

- *D'esquena a la mar:*
  la vida conquesta
  la terra

- *De espaldas al mar:*
  la vida conquista
  la tierra

- *With its back to*
  the sea: life
  conquers the land

- *Mit dem Rücken*
  zum Meer:
  das Leben erobert
  die Erde

(Foto/photo:
Climent Picornell)

▶

- *No digau que va*
  ser un somni
- *No digáis que fue*
  un sueño
- *Don't tell me it was*
  all a dream
- *Und sagt nicht es*
  war ein Traum

(Foto/photo:
Climent Picornell)

◄
- *Pensant en
  el capità Nemo*
- *Pensando en
  el capitán Nemo*
- *With Captain Nemo
  in mind*
- *In Gedanken
  bei Kapitän Nemo*

*(Foto/photo:
Climent Picornell)*

▲
- *Encara la soledat
  és possible*
- *Aún la soledad
  es posible*
- *One can still find
  solitude*
- *Noch ist
  die Einsamkeit
  möglich*

*(Foto/photo:
Climent Picornell)*

▶

• *Arcàdia feliç*
• *Arcadia feliz*
• *Sweet Arcadia*
• *Die glückliche Arkadie*

(Foto/photo:
Climent Picornell)

◀

• *Miratges*
• *Espejismos*
• *Mirages*
• *Trugbilder*

(Foto/photo:
Climent Picornell)

▲

• *Belleses al caire*
  del mirall
• *Bellezas al borde*
  del espejo
• *Beauties at the edge*
  of the mirror
• *Schönheiten am*
  Rande des Spiegels

(Foto/photo:
Climent Picornell)

◀

• *Ocultant el carro*
  d'Apol·lo
• *Ocultando el carro*
  de Apolo
• *Concealing Apollo's*
  chariot
• *Apollos Wagen*
  versteckend

(Foto/photo:
Climent Picornell)

▲▲
- *Pastoral*
- *Pastoral*
- *Pastoral*
- *Biblisch*

*(Foto/photo:
Climent Picornell)*

▲
- *Cims gens
  borrascosos*

- *Cumbres nada
  borrascosas*

- *The far from
  wuthering heights*

- *Ganz und gar
  nicht stürmische
  Gipfel*

*(Foto/photo:
Climent Picornell)*

▲▲
- *Bellament malalta d'abandó*
- *Hermosamente enferma de abandono*
- *A chronic case of abandonment, but still beautiful*
- *Zauberhaft am Verlassensein erkrankt*

(Foto/photo:
Eduardo Miralles)

▶
- *Rusiñol hauria aplaudit*
- *Rusiñol hubiera aplaudido*
- *Rusiñol would have applauded*
- *Rusiñol hätte applaudiert*

(Foto/photo:
Miguel Morey)

▶
- *Eros i civilització*
- *Eros y civilización*
- *Eros and civilisation*
- *Eros und Zivilisation*

(Foto/photo:
Miguel Morey)

▸
- Continuen dient que
  el peix és car
- Siguen diciendo que
  el pescado es caro
- ...and they still say
  that fish is dear
- Und sie sagen immer
  noch der Fisch
  sei teuer

(Foto/photo:
Climent Picornell)

- "Al trotecillo lento"
- Al trotecillo lento
- At a slow trot
- Im langsamen Trab

(Foto/photo:
Dolors Caballero)

▶
- Com vaixells
  amarrats
- Como barcos
  varados
- Like ships moored
  at the quayside
- Wie gestrandete
  Boote

*(Foto/photo:
Vicenç Negre)*

▼
- *Puresa del gòtic
  a l'església de Sineu*
- *Pureza del gótico en
  la iglesia de Sineu*
- *Gothic purity
  in Sineu church*
- *Die Reinheit der
  Gotik in der Kirche
  von Sineu*

*(Foto/photo:
Jaume Pellicer)*

▼
- *El consum es vesteix
  de llums*
- *El consumo se viste
  de luces*
- *Consumption all
  dressed up in lights*
- *Der Konsum
  schmückt sich mit
  Lichtern*

*(Foto/photo:
Vicenç Negre)*

▲▲
- *Neu florida*
- *Nieve florida*
- *Snow in blossom*
- *Blühender Schnee*

(Foto/photo: Climent Picornell)

▶
- *Promesa*
- *Promesa*
- *Promise*
- *Versprechen*

(Foto/photo: Climent Picornell)

▶
- *"Aurea mediocritas"*

(Foto/photo: Climent Picornell)

▲
- *Els treballs i els dies*
- *Los trabajos y los días*
- *Farmwork and the seasons have their own cycles*
- *Die Arbeiten und die Tage*

(Foto/photo: Jaume Pellicer)

◀
- *Edat d'Or*
- *Edad de Oro*
- *The Golden Age*
- *Das Goldene Zeitalter*

(Foto/photo: Climent Picornell)

▶

- *Promesa d'aigua,
  antiga temptació
  de suïcides*
- *Promesa de agua,
  antigua tentación
  de suicidas*
- *Watery promise,
  age-old temptation
  for the suicidal*
- *Die Versprechen
  des Wassers,
  eine ewige Versuchung
  für Selbstmörder*

*(Foto/photo:
Climent Picornell)*

▼

- Arcs per contemplar la meravella. Des d'aquesta "loggia" a Son Marroig, l'arxiduc Lluís Salvador guaitava a la mar
- Arcos para contemplar la maravilla. Desde esta "loggia", en Son Marroig, el archiduque Luis Salvador se asomaba al mar
- These arches are just the place to lose oneself in the wonder of nature: Archduke Luis Salvator would gaze out over the sea from this "loggia" at Son Marroig
- Bögen, um den Zauber zu betrachten. Von dieser "Loggia" in Son Marroig aus beugte sich der Erherzog Ludwig Salvator zum Meer hinunter

(Foto/photo:
Eduardo Miralles)

▲▲

- Esperança del bon brou de la terra
- Esperanza del buen caldo de la tierra
- High hopes of a good vintage
- Hoffnung auf den guten Wein der Gegend

(Foto/photo:
Climent Picornell)

▶

- George Sand "dixit": "La verde Helvecia, bajo el cielo de Calabria, con el embrujo de Oriente"
- George Sand "dixit": "La verde Helvecia, bajo el cielo de Calabria, con el embrujo de Oriente"
- George Sand "dixit": "The green Helvetia, beneath the skies of Calabria, with the enchantment of the Orient"
- Sagte George Sand: "Die grüne Schweiz, unter kalabrischem Himmel, mit dem Zauber des Orients."

(Foto/photo:
Miguel Morey)

▲▲
- *Simfonia en verd major*
- *Sinfonía en verde mayor*
- *Symphony of green
  in a major key*
- *Symphonie in Grün-Dur*

  *(Foto/photo:
  Climent Picornell)*

▶
- *El llenguatge
  de les pedres*
- *El lenguaje
  de las piedras*
- *The language of
  the stones*
- *Die Sprache
  der Steine*

  *(Foto/photo:
  Climent Picornell)*

▼
- *Insòlites senyes de neu*
- *Insólitas señas de nieve*
- *Snowfalls are rare*
- *Ungewöhnliche Zeichen
  des Schnees*

  *(Foto/photo:
  Pep Vicens)*

▼
- *Alfabet vegetal*
- *Alfabeto vegetal*
- *Vegetable alphabet*
- *Ein pflanzliches
  Alphabet*

  *(Foto/photo:
  Climent Picornell)*

▼
- *Meravella duplicada*
- *Maravilla duplicada*
- *Wonders in duplicate*
- *Der duplizierte Zauber*

(Foto/photo:
Climent Picornell)

▶
- *La besada dels níguls*
- *El beso de las nubes*
- *The kissing of the clouds*
- *Ein Kuß der Wolken*

(Foto/photo:
Climent Picornell)

▲
- *Vel nupcial*
- *Velo nupcial*
- *Bridal veil*
- *Der Hochzeitsschleier*

(Foto/photo:
Climent Picornell)

▶
- *Ocultant el misteri
  de la muntanya*
- *Ocultando el misterio
  de la montaña*
- *Concealing the mystery
  of the mountain*
- *Das Geheimnis des
  Bergs hütend*

  *(Foto/photo:
  Climent Picornell)*

▶
- *Recés en el gorg
  de Bec*
- *Remanso en
  el Gorg de Bec*
- *Secluded pool
  in the Gorg de Bec*
- *Stauwasser am
  Gorg de Bec*

  *(Foto/photo:
  Climent Picornell)*

◀
- *Supervivència enfront
  del puig Major*
- *Supervivencia frente
  al Puig Major*
- *Survival on Puig Major*
- *Überleben am Puig
  Mayor*

  *(Foto/photo:
  Climent Picornell)*

▲
- *Aigües felices a l'estany
  de Pastoritx*
- *Aguas felices en el
  estanque de Pastoritx*
- *The contentment of
  the still waters in
  Pastoritx mere*
- *Frohe Gewässer
  im Wasserbecken von
  Pastoritx*

  *(Foto/photo:
  Climent Picornell)*

◀
- *Salt mortal*
- *Salto mortal*
- *Death-defying crags*
- *Salto mortale*

  *(Foto/photo:
  Climent Picornell)*

- *Llavis blancs de metall adormit*
- *Labios blancos de metal dormido*
- *White lips of drowsing metal*
- *Weiße Lippen von schlafendem Metall*

(Foto/photo: Climent Picornell)

▶

- *Marjades de Banyalbufar, per salvar el pendent*

- *Bancales de Banyalbufar, para salvar la pendiente*

- *Terraces at Banyalbufar surmount the slope*

- *Die Terassen von Banyalbufar, die Rettung der Abhänge*

(Foto/photo: Climent Picornell)

▶

- *Podria haver estat un bosc de "rondaia"*
- *Pudo ser un bosque de "rondaia"*
- *It might once have been a forest in a "rondaia" (traditional Mallorcan fairy tale)*
- *Wie ein Märchenwald*

(Foto/photo: Pep Vicens)

▲

- *El son del ciclop*
- *El sueño del cíclope*
- *The Cyclops' dream*
- *Der Traum des Zyklops*

(Foto/photo: Climent Picornell)

◀

- *Bellesa, sense adjectius*
- *Belleza, sin adjetivos*
- *Beauty, plain simple beauty*
- *Schönheit, ohne Adjektive*

(Foto/photo: Climent Picornell)

◀
- *El balcó més abrupte*
- *El balcón más abrupto*
- *Balcony with the sheerest of sheer drops below*
- *Der steilste Balkon*

(Foto/photo: Climent Picornell)

▼
- *Cabellera de transparències*
- *Cabellera de transparencias*
- *Cascade of crystalline tresses*
- *Ein transparenter Haarschopf*

(Foto/photo: Climent Picornell)

◀
- *Només solcs a la mar*
- *Sólo estelas en la mar*
- *The wake is the only ripple on the surface*
- *Nur Spuren im Meer*

(Foto/photo: Climent Picornell)

▲
- *Verds blavosos que enveja el Carib*
- *Verdiazules que envidia el Caribe*
- *Shades of greenish-blue envied by the Caribbean*
- *Grünblaue Töne, die die Karibik neidisch machen*

(Foto/photo:
Climent Picornell)

▶
- *Cercant l'horitzó*
- *Buscando el horizonte*
- *In search of the horizon*
- *Auf der Suche nach dem Horizont*

(Foto/photo:
Climent Picornell)

◄
- *Ulisses recorda Ítaca*
- *Ulises recuerda Itaca*
- *Ulysses would be reminded of Ithaca*
- *Odysseus erinnert sich an Itaca*

(Foto/photo: Climent Picornell)

▶
- *Brillantors davant el cap Pinar*
- *Espejeos frente a Cap Pinar*
- *Mirrors, off Cape Pinar*
- *Spiegelungen vor Cap Pinar*

(Foto/photo: Climent Picornell)

◄
- *Imprevisible perfil de la bellesa*
- *Imprevisible perfil de la hermosura*
- *An unexpected profile of beauty*
- *Das unvorhersehbare Profil der Lieblichkeit*

(Foto/photo: Climent Picornell)

▲▲
- *Li diuen Cavall Bernat,
  deformació eufemística
  de Carall Vermat...*
- *Le llaman Cavall Bernat,
  deformación eufemística
  de Carall Vermat...*
- *They call it Cavall Bernat
  (Bernat the Horse) a
  euphemistic corruption
  of Carall Vermat
  (Red Prick)*
- *Aus Carall Vermat wird
  durch eine
  euphemistische
  Deformation Cavall
  Bernat*

*(Foto/photo:
Climent Picornell)*

▶
- *On es posen
  les àguiles per albirar
  la badia d'Alcúdia*
- *Donde se posan
  las águilas para avistar
  la bahía de Alcúdia*
- *A perfect vantage point
  for the eagles to scan
  the Bay of Alcudia*
- *Hier wachen die Adler
  über die Bucht von
  Alcudia*

*(Foto/photo:
Climent Picornell)*

▶
- *Es garanteixen nius
  amb vistes*
- *Se garantizan nidos
  con vistas*
- *All nests have sea-views
  guaranteed*
- *Man garantiert Nester
  mit Blick*

*(Foto/photo:
Climent Picornell)*

▲▲
- *Efectes especials*
- *Efectos especiales*
- *Special effects*
- *Spezialeffekte*

(Foto/photo:
Pep Vicens)

▶
- *Molts francesos*
  hi varen ser deportats,
  després de la batalla
  de Bailèn
- *Muchos franceses*
  fueron deportados allí,
  después de la batalla
  de Bailén
- *Many Frenchmen were*
  imprisoned here,
  after the Battle of
  Bailén
- *Nach der Schlacht von*
  Bailén wurden viele
  Franzosen hierhin
  deportiert

(Foto/photo:
Climent Picornell)

▼
- *Cabrera ocupa*
  el cinquè lloc de
  l'arxipèlag
- *Cabrera ocupa el quinto*
  lugar del archipiélago
- *Cabrera is the fifth*
  largest island in
  the archipelago
- *Cabrera ist*
  die fünftgrößte Insel
  des Archipels

(Foto/photo:
Climent Picornell)

▼
- *Els ecologistes han*
  aconseguit preservar-la
- *Los ecologistas han*
  conseguido preservarla
- *The environmentalists*
  have succeeded in
  ensuring its protection
- *Den Umweltschützern*
  ist es gelungen sie zu
  bewahren

(Foto/photo:
Climent Picornell)

▲
- *Orquídia salvatge.*
  Flora de s'Albufera
- *Orquídea salvaje. Flora*
  de S'Albufera
- *Wild orchid. Flower of*
  S'Albufera
- *Wilde Orchidee. Blume*
  von S´Albufera

  (Foto/photo:
  Climent Picornell)

▶
- *Imitant Ofèlia de Dant*
  Gabriel Rosseti
- *Remedando a Ofelia de*
  Dante Gabriel Rosseti
- *After Dante Gabriel*
  Rossetti's Ophelia
- *Eine Nachahmung der*
  Ophelia von Dante
  Gabriel Rosseti

  (Foto/photo:
  Climent Picornell)

▲▲
- *Aixecant el vol
  a s'Albufera...*
- *Levantando el vuelo
  en S'Albufera...*
- *Taking flight in
  S'Albufera...*
- *Der Flug beginnt in
  S'Albufera...*

*(Foto/photo:
Climent Picornell)*

▶
- *...per arribar fins aquí*
- *...para llegar hasta aquí*
- *...to get here*
- *...um hierher zu
  gelangen*

*(Foto/photo:
Climent Picornell)*

▲
- *Semblen manglars*
- *Parecen manglares*
- *With every appearance of a mangrove swamp*
- *Fast wie Mangroven*

(Foto/photo: Climent Picornell)

▶
- L'illa supleix els rius
  amb els torrents
- La isla suple los ríos
  con los torrentes
- The island makes up
  for its lack of rivers with
  mountain torrents
  and streams
- Die Insel ersetzt
  die Flüsse durch
  Sturzbäche

(Foto/photo:
Climent Picornell)

▶
- Aigües encalmades
- Aguas mansas
- Peaceful waters
- Stille Wasser

(Foto/photo:
Climent Picornell)

▲▲
- *Per defensar-se del passat continuen drets els castells...*
- *Para defenderse del pasado siguen en pie los castillos...*
- *The castles still stand, as a defence against the past...*
- *Zum Schutz vor der Vergangenheit bleiben die Burgen stehen...*

(Foto/photo: Climent Picornell)

▶
- *El castell del Rei: reptant l'avenir*
- *El Castell del Rei: retando el porvenir*
- *The King's Castle: challenging the future*
- *Castell del Rei: Eine Herausforderung an die Zukunft*

(Foto/photo: Climent Picornell)

▶
- *Un enquadrament perfecte*
- *Un encuadre perfecto*
- *A perfectly framed composition*
- *Ein perfekter Bildausschnitt*

(Foto/photo: Pep Vicens)

▶
- *Ideal per a parelles de nàufrags. Imprescindible estar molt enamorats*
- *Ideal para parejas de náufragos. Imprescindible estar muy enamorados*
- *Ideal for shipwrecked couples. Must be head over heels in love*
- *Ideal für schiffbrüchige Paare. Immer unter der Voraussetzung einer großen Verliebtheit*

(Foto/photo: Climent Picornell)

▶
- *Per admirar la bellesa del crepuscle hem necessitat segles*
- *Para admirar la belleza del ocaso hemos necesitado siglos*
- *It has taken us centuries to truly appreciate the beauty of a sunset*
- *Für die Bewunderung des Sonnenuntergangs haben wir Jahrhunderte gebraucht*

(Foto/photo: Climent Picornell)

▶
- *Enganyifes*
- *Trampantojos*
- *Optical illusions*
- *Trügerische Gelüste*

(Foto/photo: Climent Picornell)

▼
- *Una illa amb moltes de cares*
- *Una isla con muchas caras*
- *An island with many different faces*
- *Eine Insel mit vielen Gesichtern*

(Foto/photo: Climent Picornell)

▲▲
- Meditació mineral
- Meditación mineral
- Mineral meditation
- Mineralische
  Meditation

(Foto/photo:
Climent Picornell)

▶
- A Jules Verne li
  hauria agradat
- A Julio Verne le hubiera
  gustado
- Jules Verne would
  have loved it
- Julio Verne hätte
  es gefallen

(Foto/photo:
Climent Picornell)

▶
- Albirant Cabrera
- Avistando Cabrera
- Surveying Cabrera
  from afar
- Mit Blick auf Cabrera

(Foto/photo:
Climent Picornell)

▶▶
- *Mascarot improvisat*
- *Mascarón improvisado*
- *An improvised figurehead*
- *Improvisierte Maske*

(Foto/photo: Climent Picornell)

▶
- *Històries d'argonautes*
- *Historias de Argonautas*
- *Tales of Argonauts*
- *Geschichten der Argonauten*

(Foto/photo: Climent Picornell)

◀
- *Refugi segur*
- *Refugio seguro*
- *A safe haven*
- *Ein sicherer Ort der Zuflucht*

(Foto/photo: Climent Picornell)

▲
- *Podria ser un canal holandès però es tracta del torrent es Sulvet al Port d'Andratx*
- *Podría ser un canal holandés pero se trata del torrente Es Sulvet en Port d'Andratx*
- *It could be a Dutch canal, but it is in fact a Mallorcan stream: Es Sulvet in Port d'Andratx*
- *Es könnte ein holländischer Kanal sein, ist jedoch der Torrente Es Sulvet im Hafen von Andratx*

(Foto/photo: Climent Picornell)

▲
- *Protegit de l'especulació devastadora*
- *A salvo de la especulación devastadora*
- *Protected from the devastation of speculation*
- *In Sicherheit vor der zerstörerischen Spekulation*

*(Foto/photo:
Climent Picornell)*

▲
- *El miracle encara sembla possible al Caló dels Màrmols...*
- *El milagro aún parece posible en el Caló dels Màrmols...*
- *Miracles still seem to be possible in Caló dels Màrmols...*
- *Im Caló dels Màrmols scheint das Wunder noch möglich...*

*(Foto/photo:
Climent Picornell)*

▶
- *...i a Cala Mondragó, preservades de la febre constructora*
- *...y en Cala Mondragró, preservadas de la fiebre constructora*
- *...and in Cala Mondragó, preserved from the destructive fever of construction*
- *...und in Cala Mondragó, die man vor dem Baufieber geschützt hat*

*(Foto/photo:
Climent Picornell)*

▲▲
- *Així parlava Zarathustra*
- *Así hablaba Zarathustra*
- *Thus spake Zarathustra*
- *Also sprach Zarathustra*

  (Foto/photo:
  Climent Picornell)

◄
- *Robant a les que vénen,
  la plata, a les que se'n
  van, l'escuma*
- *Robando a las que
  vienen, la plata,
  a las que se van,
  la espuma*
- *The silver is stolen
  from those that come
  in, and the foam
  from those that go out*
- *Die Kommenden
  verlieren das Silber,
  die Gehenden den
  Schaum*

  (Foto/photo:
  Climent Picornell)

▲
- *Pell de pantera,
  clàmide callada*
- *Piel de pantera,
  clámide callada*
- *A panther skin,
  a silent cloak*
- *Pantherfell, stille
  Klamyde*

  (Foto/photo:
  Climent Picornell)

▲▲
- *Per inspirar un pintor*
- *Para inspirar a un pintor*
- *Enough to inspire a painter*
- *Inspiration für einen Maler*

  (Foto/photo: Climent Picornell)

▶
- *Del seu color té enveja l'aurora*
- *De su color tiene envidia la aurora*
- *Its colour is the envy of the dawn*
- *Seine Farbe macht sogar die Morgenröte neidisch*

  (Foto/photo: Climent Picornell)

▶
- *Vestigis petris del passat*
- *Vestigios pétreos del pasado*
- *Petrified traces of the past*
- *Steinerne Spuren der Vergangenheit*

  (Foto/photo: Climent Picornell)

▶

- *Res millor que
  la tranquil·litat des Pla*
- *Nada mejor que
  la tranquilidad del llano*
- *Nothing better than
  the tranquillity
  of the plain*
- *Nichts ist besser als
  die Ruhe der Ebene*

*(Foto/photo:
Climent Picornell)*

▶
- *Primavera*
- *Primavera*
- *Spring*
- *Frühling*

*(Foto/photo:
Climent Picornell)*

▼
- *Esplendor damunt
  l'herba*
- *Esplendor en
  la hierba*
- *Splendour stands
  out amongst
  the wild grasses*
- *"Splendour in
  the grass"*

*(Foto/photo:
Jaume Pellicer)*

▼
- *Definició de tardor*
- *Definición de otoño*
- *A definition of autumn*
- *Die Definition des
  Herbstes*

*(Foto/photo:
Climent Picornell)*

▲▲
• *Rúbrica de pedra*   • *Rúbrica de piedra*   • *A rubric of stone*   • *Eine Überschrift aus Stein*

(Foto/photo: Jaume Pellicer)

▶
• *La soledat de dos, la soledat de Déu...*
• *La soledad de dos, la soledad de Dios...*
• *The solitude of two, the solitude of God...*
• *Die Einsamkeit von Zweien, die Einsamkeit Gottes...*

(Foto/photo: Eduardo Miralles)

▲▲
- *Més que un podador,
  necessita un bon
  perruquer*
- *Más que un podador,
  necesita un buen
  peluquero*
- *More than a trim,
  a good haircut
  is called for*
- *Statt eines Gärtners
  wäre hier eher
  ein Friseur angebracht*

*(Foto/photo:
Climent Picornell)*

▲
- *Aires rurals*
- *Aires rurales*
- *Rural airs*
- *Ländliche Stimmung*

*(Foto/photo:
Climent Picornell)*

▶
- *Ens agradaria entrar-hi*
- *Nos gustaría entrar*
- *It would be nice to go in...*
- *Darf man eintreten?*

(Foto/photo: Eduardo Miralles)

▶
- *Hi serem ben acollits?*
- *¿Seremos bien acogidos?*
- *Will we be welcome?*
- *Wird man uns freundlich aufnehmen?*

(Foto/photo: Jaume Pellicer)

◀
- *Assossec*
- *Sosiego*
- *Peace and quiet*
- *Ruhe*

(Foto/photo: Jaume Pellicer)

▶
- *Intimitat preservada*
- *Intimidad preservada*
- *No invasion of privacy here*
- *Bewahrte Intimität*

(Foto/photo: Jaume Pellicer)

▶
- *Van Gogh s'ho va perdre*
- *Van Gogh se lo perdió*
- *Van Gogh never had the chance to see this*
- *Van Gogh ist etwas entgangen*

(Foto/photo: Climent Picornell)

▶
- *Més intens que l'or*
- *Más intenso que el oro*
- *More intense than gold*
- *Intensiver noch als Gold*

(Foto/photo: Climent Picornell)

▶

- *Llum del nord*
- *Luz del norte*
- *Light from the north*
- *Nordlicht*

(Foto/photo:
Climent Picornell)

▲
- *La imprescindible
  sal de la terra*
- *La imprescindible sal
  de la tierra*
- *The indispensable
  salt of the earth*
- *Das unerläßliche Salz
  der Erde*

*(Foto/photo:
Climent Picornell)*

◄
- *No és un paisatge lunar*
- *No es un paisaje lunar*
- *No, this is not a
  moonscape!*
- *Keine Mondlandschaft*

*(Foto/photo:
Climent Picornell)*

▶
- ...fins que ella, la Casta Diva, imposa el seu nocturn regnat
- ...hasta que ella, la Casta Diva, impone su nocturno reinado
- ...until she, the Chaste Prima Donna, imposes her nocturnal reign
- ...bis die Casta Diva ihr nächtliches Reich durchsetzt

(Foto/photo:
Climent Picornell)

▼
- Li diuen Apol·lo i és l'amo del dia...
- Le llaman Apolo y es el dueño del día...
- He is called Apollo and he is the Lord of the Day...
- Man nennt ihn Apollo und er ist der Herr des Tages...

(Foto/photo:
Climent Picornell)

▶

- *Quan la llum s'apaga*
- *Cuando la luz se apaga*
- *When the light fades away*
- *Wenn das Licht ausgeht*

Foto/photo:
Climent Picornell)

▶

- *Després de tondre les ovelles celestials...*
- *Después de esquilar las ovejas celestes...*
- *After the shearing the celestial sheep...*
- *Nach dem Scheren der Himmelsschafe...*

Foto/photo:
Climent Picornell)

◄

- *El dia, que no volia morir...*
- *El día, no queriendo morir...*
- *The day not wishing to die...*
- *Der Tag, der sich weigert zu sterben...*

(Foto/photo:
Climent Picornell)

▲

- *...va faltar llana*
- *...faltó lana*
- *...the wool was marked by its absence*
- *...mangelte es an Wolle*

Foto/photo:
Climent Picornell)

◄

- *...dels penya-segats s'enganxava*
- *...de los acantilados se prendía*
- *...clings to the cliffs*
- *...klammert sich an die Küstenfelsen*

(Foto/photo:
Climent Picornell)

▲▲
- *Devora l'aparador de Tiffany's*
- *Junto al escaparate de Tiffany's*
- *Could this be the shop window of Tiffany's?*
- *Neben dem Schaufenster von Tiffany's*

(Foto/photo: Eduardo Miralles)

▶
- *Naturalesa i civilització*
- *Naturaleza y civilización*
- *Nature and civilisation, cheek by jowl*
- *Natur und Zivilisation*

(Foto/photo: Jaume Pellicer)

▶
- *Amb infinites besades les ones continuen tallant el seu perfil*
- *Con infinitos besos las olas siguen tallando su perfil*
- *With infinite kisses, the waves never cease to make their mark*
- *Mit unendlichen Küssen formen die Wellen sein Profil*

(Foto/photo: Eduardo Miralles)

▲▲
- *Viure és veure tornar, ho repeteix el crepuscle*
- *Vivir es ver volver, lo repite el ocaso*
- *To live is to see things return; the sunset does so every day*
- *Leben heißt, die Rückkehr zu sehen, wiederholt der Sonnenuntergang*

(Foto/photo: Climent Picornell)

▶
- *Converteix en arena la roca que tantes de vegades ha acaronat*
- *Convierte en arena la roca que tantas veces ha acariciado*
- *Sand is rock transformed by the constant caressing of the sea*
- *Und der so oft geküsste Fels wird zu Sand*

(Foto/photo: Climent Picornell)

▶
- *Els pals que varen ser arbres*
- *Los mástiles que fueron árboles*
- *The masts, the erstwhile trees*
- *Masten, die einst Bäume waren*

(Foto/photo: de Dolors Caballero)

▶
- *Rere l'alba, de rosats dits homèrics*
- *Tras el alba, de rosados dedos homéricos*
- *After the break of day, the rosy Homeric fingers emerge*
- *Nach der Morgen- dämmerung, aus homerischen rosa Fingern*

(Foto/photo: de Dolors Caballero)

▲▲
- S'assembla a la felicitat
- Se parece a la dicha
- The perfect picture of everyone's seventh heaven
- Dem Glück so ähnlich

(Foto/photo: Climent Picornell)

▶
- Exhibint les seves vergonyes, amb el casc a l'aire
- Exhibiendo sus vergüenzas, con el casco al aire
- Their private parts on display, hulls in the air
- Mit unbedeckter Scham

(Foto/photo: Climent Picornell)

▲▲
• *Temptació*
• *Tentación*
• *Temptation*
• *Versuchung*

(Foto/photo:
Climent Picornell)

▲
• *Merescut descans*
• *Merecido descanso*
• *A well earned rest*
• *Verdiente Erholung*

(Foto/photo:
Jaume Pellicer)

▲
- *Transparències
  de cristall*
- *Transparencias de
  cristal*
- *Crystalline
  transparency*
- *Gläserne
  Transparenz*

*(Foto/photo:
Climent Picornell)*

▶
- *Meditació*
- *Meditación*
- *Meditation*
- *Meditation*

*(Foto/photo:
Eduardo Miralles)*

▶
- *Més que la fe, l'amor
  mou muntanyes*
- *Más que la fe, el amor
  mueve montañas*
- *More than faith, it is
  love that moves
  mountains*
- *Mehr noch als
  der Glaube, bewegt
  die Liebe Berge*

(Foto/photo:
Climent Picornell)

▶
- *Regalant randes*
- *Regalando encajes*
- *A gift of lace edgings*
- *Spitzen als Geschenk*

(Foto/photo:
Climent Picornell)

▲
- *Com menta
a contraclaror...*
- *Como menta al trasluz...*
- *Spearmint against a
backdrop of light...*
- *Und sollte er gegen das
Licht sprechen...*

*(Foto/photo:
Climent Picornell)*

◄
- *Sembla impossible
en els temps que corren*
- *Parece imposible
en los tiempos que
corren*
- *Surely, this is impossible
in modern times*
- *Wie unwahrscheinlich
in unserer Zeit*

*(Foto/photo:
Climent Picornell)*

◄
- *Aquí hi som jo*
- *Aquí estoy yo*
- *This is where I am*
- *Hier bin ich*

(Foto/photo:
Climent Picornell)

▶
- *Arrels solitàries*
- *Raíces solitarias*
- *Solitary roots*
- *Einsame Wurzeln*

(Foto/photo:
Climent Picornell)

▶
- *Els puputs no usen Chanel núm. 5...*
- *Las abubillas no usan Chanel N° 5...*
- *Hoopoes do not use Chanel No. 5...*
- *Die Wiedehopfe nehmen kein Chanel N° 5...*

(Foto/photo:
Climent Picornell)

◀
- *Com a les terres del pa*
- *Como en las tierras del pan*
- *Just like the breadbasket prairies*
- *Wie in den Ländern des Brots*

(Foto/photo:
Climent Picornell)

▲
- *Amb pedigrí*
- *Con pedigrí*
- *With pedigree*
- *Mit Stammbaum*

(Foto/photo:
Eduardo Miralles)

◀
- *Abans de l'àngelus*
- *Antes del Angelus*
- *Before the angelus*
- *Vor dem Angelus*

(Foto/photo:
Jaume Pellicer)

◄
- *Continua somniant pirates...*
- *Sigue soñando en piratas...*
- *Still dreaming of pirates...*
- *Träumt immer noch von Piraten...*

(Foto/photo: Climent Picornell)

◄
- *Torre per defensar*
- *Torre por defender*
- *A tower for defence*
- *Ein zu verteidigender Turm*

(Foto/photo: Climent Picornell)

▲▲
- *Xiuxiueigs*
- *Susurros*
- *That rustling sound*
- *Flüstern*

(Foto/photo: Vicenç Negre)

◄
- *Incúria dels segles, deixadesa de l'home*
- *Incuria de los siglos, dejadez del hombre*
- *Centuries of neglect, lethargy of man*
- *Nachlässigkeit der Jahrhunderte, Sorglosigkeit der Menschen*

(Foto/photo: Vicenç Negre)

▸
- No és "made in"
  Hong Kong
- No es "made
  in" Hong Kong
- Not made
  in Hong Kong
- Nicht "Made
  in" Hongkong

(Foto/photo:
Vicenç Negre)

▸
- La naturalesa
  imita l'art
- La naturaleza
  imita al arte
- Nature imitates art
- Die Natur imitiert
  die Kunst

(Foto/photo:
Climent Picornell)

▶
- Roba de "llengos", que, com el vidre bufat, ens va arribar d'Itàlia
- "Roba de llengos", que, como el vidrio soplado, nos llegó de Italia
- "Roba de llengos" (traditional thick Mallorcan woven cloth) that came to us from Italy, as did blown glass
- "Roba de Llengos", wie auch das geblasene Glas ursprünglich aus Italien

(Fotografia Vicenç Negre)

▶
- Del mateix fang amb què ens va fer Déu
- Del mismo barro que nos hizo Dios
- Made of the same clay that God made us from
- Aus dem gleichen Lehm, aus dem uns Gott erschuf

(Foto/photo: Vicenç Negre)

▲▲
- *Na Caputxeta
  va passar per aquí*
- *Caperucita pasó
  por aquí*
- *Little Red Riding Hood
  came this way*
- *Rotkäppchen
  war auch schon hier*

*(Fotografia
Climent Picornell)*

- *Com un torrent*
- *Como un torrente*
- *All mountain streams
  should look like this*
- *Wie ein Sturzbach*

*(Foto/photo:
Climent Picornell)*

▲

- *Res per envejar
  al monestir de pedra*
- *Nada que envidiar
  al Monasterio de piedra*
- *No reason to envy
  the "Monasterio de
  Piedra" (famous
  monastery in Nuevalos,
  Zaragoza, known
  for its waterfalls, lakes
  and caves)*
- *Dem Kloster aus Stein
  durchaus ebenbürtig*

*(Fotografia
Climent Picornell)*

• *"Hobby" per a titans*
• *"Hobby" para titanes*
• *The Titans' hobby*
• *Ein Hobby für Titanen*

*(Foto/photo
Eduardo Miralles)*

• *Aigües: Bes de la vida*
• *Aguas: Beso de la vida*
• *Water: the kiss of life*
• *Wasser: Kuß des
  Lebens*

*(Foto/photo
Vicenç Negre)*

Aquest llibre
es va acabar d'imprimir
el mes d'abril
de l'any 2000

Este libro
se acabó de imprimir
el mes de abril
del año 2000

This book was printed in
the month of April
in the year
2000

Dieses Buch
wurde im Monat April
des Jahres 2000
gedruckt